# *Laß ein Licht über mir leuchten*

*Verse und Bilder von Petra Timm-Bortz*

CIP-Kurztitelaufnahme der Deutschen Bibliothek

Petra Timm-Bortz:
Laß ein Licht über mir leuchten:
1. Auflage
Reha-Verlag

ISBN 3-88239-230-4


Herausgeber:
Reha-Verlag GmbH, Postfach 1460, 53404 Remagen
Tel.: 0 26 42 / 99 26 95, Fax: 0 26 42 / 99 26 52

Alle Rechte, einschl. der auszugsweisen
mechanischen Vervielfältigung, vorbehalten.

Druck: DRUCK- UND VERLAGSHAUS ERFURT

Printed in Germany

ISBN 3-88239-230-4

## Vorwort

Nach dem Tod meines Sohnes ging ich durch tiefe Täler und spürte große seelische Schmerzen. Oft wünschte ich mir, doch lieber "nur körperliche Schmerzen" zu haben. Während des 1. Jahres und auch noch danach schrieb ich viele Verse.
Ich denke es war mein Weg, das Erlebte ,den Verlust und die Trauer aufzuarbeiten. Bei dem Durchgehen tiefer Leidenstälern habe ich eine große Kraft gespürt und erlebt, wie ich getragen wurde.
Mir ist unendlich viel Liebe in meinem Herzen geblieben, ebenso wie Erinnerungen und Dankbarkeit für das, was ich hatte und habe.
Mir nahestehende Menschen brachten mich auf die Idee, die Verse zu veröffentlichen. Ich selbst habe in Versen und Gedichten anderer Menschen meine Gefühle , Kraft und Mut wiedergefunden. Dies erhoffe ich mir auch für die LeserInnen dieses Buches.
Ich habe erfahren,
daß im Dunkeln ein Licht über mir leuchtet
und es wieder aufwärts gehen kann.


Petra Timm-Bortz

# Einleitung

## Laß ein Licht über mir leuchten

Manchmal wird es eng um mich.
Manchmal sehe ich den Weg nicht mehr und
weiß nicht, wie es weitergeht.
Manchmal ist alles zu schwer für mich.
Dann laß
meine Augen ein Zeichen des Lebens entdecken,
meine Hand Halt finden,
mein Herz ein Wort aufnehmen
und meine Klage auf ein offenes Ohr treffen.
Wenn es dunkel wird,
laß ein Licht über mir leuchten.


(auszugsweise aus einem Infoblatt der
Krankenhausseelsorge)

## Dunkelheit

Es ist so dunkel um mich herum,
ich bin traurig und leer,
mag nichts hören und erleben,
Stille tut gut.

Wo bin ich selbst geblieben,
ich glaube meine Kraft ist verbraucht.

Ich stelle mir eine Sonne vor,
sehe sie vor mir,
wünsche mir, daß die Sonnenstrahlen
mein Herz erwärmen,
meinen Körper wieder zum Leben erwecken.

## Schicksalsschlag

Wochen der Angst
Wochen der Freude
Wochen der Hoffnung
Wochen der Planung,
plötzlich ist alles anders.
Plötzlich ist alles vorbei,
plötzlich falle ich tief, weiß gar nicht,
wie es weitergehen soll.

## Zuversicht

Ich sitze in einem tiefen Loch,
es ist dunkel, kalt und ich bin leer.
Aber ich sehe nach oben.
Weit oben sehe ich einen Ausweg,
sehe Licht, dort wird es hell.
Plötzlich bin ich zuversichtlich,
weiß, daß ich die Kraft habe, nach oben zu klettern,
weiß auch, daß der Weg weit ist,
aber ich werde dorthin gelangen.

## Warum ?

Warum trifft es mich?
Warum ist es so gekommen ?
Warum können meine Wünsche
nicht in Erfüllung gehen?
Warum gibt es keine Antworten auf meine Fragen ?
Warum, ein Wort, das mir nicht helfen kann.

## Unser Weg

Wir wissen niemals, wie unser Weg sein wird,
wohin er uns führt.
Leben können wir nicht erkämpfen,
unsere Energie reicht nicht,
denn die Natur entscheidet,
entscheidet gegen uns,
bestimmt unseren Weg.

## Loslassen

Für immer loslassen,
tut so weh,
für immer loslassen,
macht mich so traurig,
aber ich muß loslassen,
darf traurig sein,
muß den Schmerz ertragen.
- Loslassen und trotzdem weiterlieben-
- Loslassen und trotzdem weiterleben-

## Jeder Tag

Jeder Tag ist ein Tag in meinem Leben,
jeder Tag ist ein Leben für sich,
jedem Tag gebe ich die Chance,
ein guter, wichtiger oder schöner Tag zu werden.
Am Ende jeden Tages
blicke ich zurück auf das,
was positiv und schön war
an diesem Tag.
Auch Traurigkeit und Leid machen
einen Tag in meinem Leben aus,
haben Bedeutung,
bringen mich auf meinen Weg.
Nicht jeden Tag scheint die Sonne vom Himmel,
aber vielleicht in meinem Herzen.
Ich bin dankbar für jeden Tag in meinem Leben.

## Wie ein Film

Wie ein Film,
ein Film, in dem ich die Hauptrolle spiele,
ein Film, der sehr traurig ist,
ein Film, der bald vorbei ist,
so erscheint mir momentan mein Leben.

Aber es ist Wirklichkeit,
alles, was geschehen ist,
alles, was ich sehe und erlebe.

So einen Film würde keiner sehen wollen,
denn er wäre zu traurig.

## Der Herbst

Der Wind rauscht durch die Bäume,
die Blätter fallen leise,
ich sehe gelbe, bunte Farben,
aber auch dunkle Wolken.
Der Herbst läßt uns sehen,
 daß sich alles verändert,
es ist wie in unserem Leben:
bunt, auch manchmal dunkel,
ständige Veränderung.
Wir spüren die Veränderung der Natur,
der Herbst zwingt uns Abschied zu nehmen.
-Abschied vom Sommer-
Auch im Leben müssen wir
immer wieder Abschied nehmen.

## "Flugzeuge in meinem Bauch"

Manchmal überfällt mich ein Gefühl,
ein Gefühl, so schwer zu beschreiben,
ganz plötzlich ist etwas da,
in mir zerrt etwas,
in mir drückt etwas,
ich werde immer trauriger,
ich denke an Dich,
denke, ich kann ohne Dich nicht leben,
will nicht ohne Dich leben,
dann wird der Schmerz so heftig,
dann wird die Sehnsucht so groß........
Bitte, gib mir mein Herz zurück.

## Gedankenknäuel

Manchmal drehen sich meine Gedanken im Kreis,
ich denke und denke,
weiß nicht, was ich tuen soll,
manchmal weiß ich keine Lösung,
meine Gedanken kreisen immer wieder neu.
Dann merke ich, daß mein Kopf schwer wird,
die Gedanken mich quälen, mir keine Ruhe lassen,
ein Knäuel in meinem Kopf ist,
ich jetzt keine Lösung finden kann.
Ich kann nur diese Gedanken loslassen,
abwarten, daß mein Kopf frei wird,
etwas Zeit vergehen lassen,
abwarten, ob sich die Dinge ändern,
abwarten, was sich in mir ändert,
was mir wichtig ist,
einfach Vertrauen haben,
daß das Knäuel sich auflöst.

## Denn sie wissen nicht, was sie tun

Menschen sagen verständnisvolle Worte,
sie möchten nett sein,
sie machen sich Gedanken,
sie meinen es gut,
aber sie wissen nicht, was gut ist,
sie wissen nicht, was sie tun,
wissen nicht, was sie tun sollen.

## Alles ist anders

Plötzlich ist alles anders,
alles ist anders, als vorher,
nichts ist so, wie es einmal war.
Was mir vorher Freude bereitete
macht mich jetzt traurig.
Menschen sind mir plötzlich ganz nah,
andere sind jetzt sehr weit entfernt von mir,
alles ist anders,
alles, was ich sehe,
alles, was ich erlebe,
alles ist anders, nichts mehr, wie es einmal war.
Alles ist anders, weil ich anders bin,
sich in mir so viel verändert hat,
ich die Welt mit anderen Augen sehe,
ich Vieles anders – ändern möchte.

## "Verletzte Seele"

Mein Körper war "krank",
mein Körper war verletzt,
nun ist er gesund,
nun "funktioniert" er wieder,
nach außen erscheint alles wieder i.O..
Aber meine Seele hat tiefe Wunden,
diese Wunden, diese Verletzung
kann niemand sehen.
Meine Seele sehe nur ich,
meine Seele bin ich,

## Die Reise

Wir wollten verreisen,
an einen bestimmten Ort.
Ein Zug sollte uns zu diesem Ort bringen
- unser Reiseziel -
Wir sitzen immer noch in diesem Zug,
er fährt und fährt,
wir wissen nicht wohin,
nicht, wo er halten kann,
halten soll.
Aber bald kommt der Tag,
der Tag, an dem wir sagen möchten,
bestimmen, wo dieser Zug hinfährt,
wo er halten soll,
dann werden wir zum Lokführer.

## Von Tag zu Tag

Von Tag zu Tag lebe ich,
jeder Tag ist anders,
jeder Moment ist anders,
meine Stimmungen wechseln ständig,
ich lebe von Moment zu Moment,
von Tag zu Tag.

## Wellen der Traurigkeit

Immer wieder überfluten mich
Wellen der Traurigkeit,
kleine und auch große Wellen der Trauer,
manchmal sind die Abstände länger,
manchmal sehr kurz,
einige Wellen sind klein,
einige Wellen sind sehr groß.
Die kleinen Wellen spüre ich ,
sie durchschwimme ich, es kostet viel Kraft.
Die großen Wellen
reißen mich plötzlich um,
ich verliere den Boden unter den Füßen,
aber ich finde den Boden immer wieder,
stehe dann wieder fest,
schwimme in dem ruhigen Wasser
danach viel sicherer.

## Neue Wege

Immer wieder neue Wege gehen,
immer wieder neue Gedanken denken,
nichts bleibt so, wie es ist,
auch wenn ich noch so festhalte.
Immer wieder muß ich loslassen,
je leichter ich loslassen kann,
desto besser werde ich mich fühlen,
umso leichter kann ich neue Wege gehen,
neue Gedanken denken.
Jeder Tag ist neu, jeder Tag ist anders,
jeden Tag muß ich loslassen.
Jeder Tag ist ein neuer Beginn.
Jeder Augenblick ist neu,
jeder Augenblick ist anders,
in jedem Augenblick
kann ich mich für einen neuen Weg,
 für neue-andere Gedanken entscheiden!

## In einer Regenwolke

Manchmal fühle ich mich leicht, positiv, kraftvoll.
Manchmal habe ich Selbstmitleid,
möchte Anteilnahme, habe Erwartungen an andere,
dann fühle ich mich wie in einer Regenwolke,
es ist dunkel um mich herum, auf mir lastet so viel,
in mir sind so viele Gedanken.
Ich gehe in mich, erkenne diese Gedanken,
erkenne, daß ich meine Gedanken verändern muß,
erkenne, daß ich loslassen muß,
diese Gedanken, meine Erwartungen,
Erinnerungen, alte
Wünsche und Träume.
Eine tiefe Traurigkeit ist immer in mir,
sie ist in mir, wie auch Glück in mir ist.
Beides fühle ich tief-ganz intensiv-
Die Regenwolke zieht weiter,
danach kommt die Sonne wieder durch,
so wie nach Trauer auch wieder Freude da ist,
Glück und Leid, Freude und Traurigkeit
gehören zusammen,
das eine erkenne ich nicht ohne das andere,
erkenne ich nur, wenn ich beides gefühlt habe.

## Wenn der Nebel sich auflöst

Wenn ich meinen Weg,
den Weg zu meinem Ziel
in dem dichten Nebel nicht mehr erkenne,
dann stolpere ich auf dem Weg,
weiß nicht wohin,
weiß nicht wie ich weiterkommen kann.
Aber wenn der Nebel sich auflöst,
ich den Weg wieder erkenne,
ein Stück des Weges sehen kann,
werde ich leichter, spüre ich Freude in mir,
dann stolpere ich nicht mehr,
spüre wieder Freude in mir,
dann weiß ich, wohin ich gehen möchte,
habe Ideen, wie ich weiterkomme,
dann spüre ich das Leben wieder,
auch wenn ich nicht erkennen kann,
nicht weiß,
wohin mein Weg mich wirklich führt.

## Steine im See

Es ist ganz still, der See ist ganz ruhig,
der See sieht so friedlich aus,
aber oft nur eine kurze Zeit,
dann werden kleine Steine hineingeworfen,
manchmal nur einer,
manchmal mehrere nacheinander,
manchmal auch große,
der See wird unruhig,
viele kleine Wellen laufen durcheinander,
so lange, bis das Wasser wieder ganz ruhig
und der See ganz friedlich ist,
das Wasser in der Sonne schimmert,
das Wasser in der Sonne strahlt.
Der See selbst ist ganz ruhig,
ganz still und friedlich,
die Steine werfen andere hinein,
die Steine kommen von außen,
erzeugen Wellen und Unruhe.
- So wie dem See ergeht es mir auch-

## Das Herz weit öffnen

Ich öffne mein Herz wie ein Fenster,
lasse die Sonne, die Sonnenstrahlen hinein,
nehme all die wunderschönen Eindrücke
in meinem Herzen auf.
So wird mein Herz
mit Licht, Sonne und Wärme durchflutet,
alles, was in meinem Herzen ist, bleibt darin,
bleibt in mir.

## Neue Gedanken

Neue Eindrücke,
neue, andere Menschen,
neue Gedanken
beleben mich, geben mir Kraft und Energie,
beflügeln mich.
Neue Gedanken, viele Impulse, viele Ideen
tun mir so gut.
Ich sehe plötzlich so viele Möglichkeiten,
die Welt öffnet sich mir weit.
Ich sehe viele bunte Farben,
brauche nur hinzusehen, zuzufassen,
ich kann mich für viele Dinge ,
für viele neue Gedanken entscheiden.

## Glücksmomente

Es ist friedlich in mir,
ich habe schöne Gedanken,
neue Impulse,
neue Gedanken,
alles schwingt,
 meine Energie fließt,ohne Blockaden,
mein Herz hüpft,
in mir ist alles klar,
unbeschwert,
ich fühle mich leicht und frei
- ein Glücksmoment-

## _Ein Jahr_

Ein Jahr, ein langes Jahr,
ein Jahr voller Gefühle,
ein Jahr mit viel Schmerz,
ein Jahr mit viel Trauer,
ein Trauerjahr.

Ein Jahr voller tiefer Gefühle,
alle ertragen, alle gespürt, alle gelebt,
alle herausgelassen.
Nun kann ich meinem Gefühl vertrauen,
erkenne es genau,
kenne mich selbst besser
nach diesem Jahr.

## Aufwärts

Es geht immer wieder aufwärts,
aus dem tiefen Tal führt ein Weg wieder hoch,
die Treppe aus dem Keller führt nach oben,
der Fahrstuhl fährt aus dem UG ganz nach oben,
das habe ich gespürt,
weiß, daß ich auf dem Weg nach oben bin,
hoch nach oben,
vom Dunkeln ins Licht.
Viel,
so viel ist in mir geschehen.
Ich bin im Hellen,
im Licht,
fahre aufwärts.

## Grenzen

Ich habe innere Grenzen,
erkenne sie oft gar nicht,
denke, es sind äußere Grenzen,
Grenzen, die ich nicht verändern kann,
aber meine Grenzen kann ich erkennen,
kann sie verändern,
kann sie überschreiten, überwinden, sprengen.
Dann fühle ich mich leichter,
fühle mich freier,
erkenne die Weite,
sehe all die vielen Möglichkeiten,
die ich habe
– ohne Grenzen –

## Bunt wie ein Regenbogen

So bunt wie ein Regenbogen ist mein Leben,
so viele Farben,
dunkle Wolken,
Regen,
aber auch Sonne,
einzelne Sonnenstrahlen kitzeln mich,
zeigen mir, daß immer wieder Licht da ist,
zeigen mir den Weg zum Licht,
erhellen den dunklen Himmel.
Ich sehe Wolken und Sonne,
schöne bunte Farben,
so wie auch in meinem Leben.

Deine Mutter

Für Tim

## Nachwort

Mein lieber Sohn,

Hoffnung, Glück, Zuversicht und Freude,
Pläne für ein Leben mit Dir
- all das hat mich über 6 Monate begleitet.
Du hast zu mir gehört, mir Glück bereitet.
Ich habe Dich sehr geliebt und werde Dich immer lieben.
Ich habe so um Dich gekämpft, leider den Kampf verloren.
Warum Du nicht weiterleben durftest, weiß ich nicht.
Die Vorstellung, Dich zu verlieren, schnürte mir so manches Mal die Kehle zu.
Nun bist Du tot.
Es bleibt die Trauer um Deinen Verlust und die Freude, mit Dir eine kurze Zeit gelebt zu haben.
Ich werde Dich nie vergessen.

Deine Mutter

## Über die Autorin

Petra Timm-Bortz, geb. 11.8.62 in Neumünster,
verheiratet, lebt in Wolfsburg,
Dipl. Rechtspflegerin seit 1984,
seit 1987 im gehobenen Justizvollzugsdienst.
Nebenberuflich Aerobictrainerin (seit 1994),
seit Mai 2000 Bachblütenberaterin.

Am 7.9.98 verstarb ihr Sohn Tim
nach einem vorz. Blasensprung in der
23. SSW bei der Geburt.